GLÜCKSMOMENTE

im Advent

Augenblicke, die wir genießen, lassen uns den Himmel berühren.

Angelika Emmert

Die Stadt leuchtet und eure Wangen tun es auch: Du stehst im Freundeskreis beisammen am Weihnachtsmarkt, die Sterne glitzern am Himmel, die Lämpchen und Kerzen schenken warmes Licht – der Advent ist wieder da und ihr spürt den himmlischen Zauber der Weihnacht!

Liebe Weihnachtsgrüße …

Woher sie auch kommen,
wohin sie auch gehen, sie gelangen
immer an ihr Ziel. Denn sie gehen
den schönsten Weg:

von Herz zu Herz.

Irmgard Erath

Taten sagen mehr als Worte! Also tu es:
Schicke Weihnachtsgrüße an deine Liebsten.
Denn Weihnachtspost schenkt den Rahmen
für tiefsinnige Gedanken und liebevolle
Botschaften, die untereinander ausgetauscht
werden. Sendest du sie an andere, werden
sie auch dich erreichen – und das beschreibt
genau, was Weihnachten ist:

das Fest der Liebe.

NUN LEUCHTEN WIEDER
die Weihnachtskerzen
UND WECKEN FREUDE
IN ALLEN HERZEN.

GUSTAV FALKE

Die Gemütlichkeit zieht ein in unsere Räume. Kerzen verbreiten eine besondere, warme Atmosphäre und lassen uns eintauchen in weihnachtliche Behaglichkeit. Hast du einen traditionellen Adventskranz aufgestellt oder dein Zuhause mit verschiedenen Kerzen geschmückt? Mögen sie dir die langen Abende erhellen und

dein Herz wärmen.

Kindliche Neugier
sorgt für strahlende Augen –
ganz ohne Geschenke!

Richte deinen Blick
in diesem Jahr auf das, was auch
die Kinder an der Adventszeit fasziniert:
die hölzernen Figuren, die geschmückten Zweige,
das Leuchten der Kerzen, die Deko auf den Keksen,
das Klingeln der Glöckchen ...

LASS KLEINES GANZ GROSS SEIN.

Denn die Welt der kleinen Dinge
ist voller Magie.

Egal wie kalt
es draußen sein mag –
*in meinem
Herzen*
bleibt es immer warm.

Stefanie Vey

Im Inneren ist es warm und draußen
meist recht kalt – das ist die Winterzeit.
Wenn der Schneesturm die Wangen küsst,
kann man die Wärme im Herzen ganz
besonders intensiv spüren.

*Wenn es früh dunkel wird,
erhalten die warmen Stuben
ihren höchsten Wert.*

Mache dich auf –

UND MACH PLATZ
FÜR DIE MAGIE
DER WEIHNACHT!

Weihnachten ist überall.
Es wird weltweit gefeiert, in großen Kathedralen und in den kleinsten Hütten - auch in deinem Zuhause? Schenk der Weihnachtsstimmung ein bisschen Platz auf dem Fensterbrett oder im Flur. Hol die Weihnachtssocken raus und die Adventstassen. Dekoration gehört dazu. Wenn die Zeit kommt, sie wieder zu verstauen, dann ist

Platz für anderes!

DAS GLÜCK KOMMT
TAUSENDFACH ZURÜCK,
WENN WIR ANDEREN
einen glücklichen Moment
SCHENKEN KÖNNEN.

CAROLA OTTERSTEDT

Gibt es denn etwas

Schöneres als das Schenken?

Man sucht achtsam kleine Dinge aus, die den Liebsten wirklich Freude machen können, zieht los, um dies und das zu besorgen oder es selbst zu basteln. Lässt sich inspirieren und packt am Ende alles liebevoll ein, verschickt oder überreicht es – in kribbeliger Vorfreude, wie es dem oder der Beschenkten wohl gefallen wird.

Advent:

Ich wünsche dir, dass
die Vorfreude zu keimen beginnt
und bis Weihnachten
ihre Knospen öffnet.

Helga Schäferling

Der Winter schenkt uns Zeit
für Ruhe, kuschelige Abende,
ruhiges Beisammensein. Und er schenkt
auch Zuversicht: Denn während alles
zu ruhen scheint, sammelt die Natur
schon Kraft für den nächsten
Frühling. Spürst du die Vorfreude?

ADVENT, ADVENT,
EIN LICHTLEIN BRENNT –

ein kleines Glücksfeuer
für jeden Tag.

Eine schöne Gewohnheit für die Weihnachtszeit ist es,
jeden Tag eine Kerze anzuzünden –
sei es für dich, für die anderen, für den Frieden,
für die Freude ... was immer dir gerade besonders am
Herzen liegt. So setzt du kleine Leuchtmomente, die dich
gut durch diese trubelige Zeit begleiten.

In der Adventszeit zählt nicht,
was unter dem Baum liegt,
sondern wer
um ihn herumsteht.

unbekannt

GEMEINSAM IST DIE ADVENTSZEIT NOCH SCHÖNER.

Mit Freund*innen am Weihnachtsmarkt treffen, Kleinigkeiten kaufen, Glühwein trinken. Mit der Familie zusammenkommen, die Kinder basteln, die Großen plaudern. Der Advent ist gelebte Verbundenheit – und in diesen Räumen der Gemeinschaft fühlt sich das Weihnachtsglück sehr wohl.

Advent ist,
wenn Kinderaugen
wieder zu strahlen beginnen
und wir uns anstecken lassen
von der Vorfreude
auf Weihnachten.

Gudrun Kropp

Weißt du noch, wie ungeduldig
du als Kind auf Heiligabend hingefiebert
hast und wie groß die Vorfreude war?
Bewahre dir etwas von diesem Staunen,
gönne dir ein bisschen Nostalgie
und freue dich an dem Zauber,
den Weihnachten auch heute versprüht.

Ich wünsche dir,
dass diese kleinen Wunder
so wie früher dein Herz
hüpfen lassen.

Mehr Platz
für Plätzchen!
Feiere und genieße
die süße Tradition.

Beim Plätzchenbacken geht es nicht nur ums süße Naschen! Es geht auch um die Tradition. Ein heiteres Backen, Kosten, Dekorieren und dann das Verstecken, Stibitzen und Verschenken – all das gehört dazu! Denn Plätzchen sind mehr als Kekse. Es sind kleine bunte Freudenmacher, mit denen die Süße des Lebens hin- und hergereicht wird.

Schneeflöckchen, Weißröckchen ...

ODER DOCH GEMÜTLICH WARME WEIHNACHT?

Schneematsch in den Straßen braucht wirklich niemand. Schnee zum Schlittenfahren schon. Schneeflocken, die vor dem Fenster tanzen, auch. Und Schnee für eine Schneeballschlacht sowieso! Es gilt, jede weiße Flocke zu feiern – und falls sie wieder mal auf sich warten lassen: Freu dich auf wetterunabhängige

Geselligkeit am Kamin.

Die drei schmackhaftesten
Früchte der Weihnachtszeit sind

STILLE, LIEBE UND BESINNLICHKEIT.

Arthur Lindner

In diesem Jahr soll die besinnliche Zeit
ein Fest für deine Sinne werden: Duft. Wärme.
Kerzenschein. Süße. Weihnachtsklang.
Zusammengefasst: Ein Advents-Vollbad
mit Tannenduft, einem Apfel-Dattel-Snack dazu,
Kerzen am Wannenrand und Musik im Ohr!

Ich wünsche dir
(be-)sinnlichen Genuss!

DIE WIRKUNGSVOLLSTE ENERGIEQUELLE UNSERES LEBENS IST UND BLEIBT

die menschliche Wärme.

ERNST FERSTL

Es naht das Fest der Liebe! Und so mögest du viel Liebe spüren. In Form von Geborgenheit bei deinen Herzensmenschen, in freundlichen Gesten, im wärmenden Beisammensein. Auch in der Liebe zu dir selbst: Auf dass du dich gut umsorgst, auch dich selbst beschenkst und es dir gut gehen lässt im Advent –

und darüber hinaus.

Da glänzt in die schneeige Winternacht
der Mond verklärend und kalt;
es glitzert in funkelnder Silberpracht
der Reif an den Bäumen im Wald.

O WELT,
WIE BIST DU SCHÖN.

Maurice Reinhold von Stern

Ein langer Winterspaziergang in
der klirrenden Kälte, Schneeflocken
bewundern und danach mit roten Wangen
in der warmen Stube eine heiße Schokolade
mit Zimt oder Kardamom trinken –

*die kalte Jahreszeit
kann so schön sein.*

LASSEN WIR UNS VERZAUBERN

von der Schönheit des Winters,
vom Licht der Kerzen, vom Duft
feiner Plätzchen, von der Stille der
Heiligen Nacht ...

Irmgard Erath

Es ist die Zeit gekommen ...
für Langsamkeit! Für Ruhepausen.
Für den Winterschlaf, den Rückblick, die Innenschau.
Erlaube dir eine ausgedehnte Stille, in der dir
ein Lauschen und ein Blick nach innen gelingt.
Denn nur wer langsam geht, findet zur
Achtsamkeit – und auch darin liegt
das Glück der Adventszeit.

Das Schönste im Leben ist
DER WUNSCH,
das Nächstschönste
DIE ERFÜLLUNG.

Margaret Mitchell

Weg mit den To-do-Listen und her mit den Wunschzetteln!
Schreib all deine Herzenswünsche auf,
frei heraus alles, was dein Herz begehrt!
Lass diesen Brauch nicht in Vergessenheit geraten,
nur weil Christkind und Weihnachtsmann deinen Wunschzettel nicht mehr abholen. Frag dich auch in diesem Jahr:
Was sind deine Wünsche? Fürs Fest und für das neue Jahr?

Harfenklang, Hackbrett und Engelsstimmen – ein Hoch auf die *Weihnachtsmusik!*

Weihnachtslieder haben Ohrwurm-Garantie. Die teils uralten Melodien sind wahrlich für die Ewigkeit gemacht und so singen wir sie am besten alle Jahre wieder. Summe, pfeife, singe und bring die Stimmung in Schwung.

WENN NICHT JETZT, WANN DANN?

Solltest du einmal meinen,
du könntest dir keine Zeit
für dich selbst nehmen, bedenke:
Das Herz schlägt für den,
der es trägt.

Kirsten Schwert

Gönn dir im Advent auch viel
Zeit für dich. Denk an die

„STILLE UND HEILIGE NACHT“

und verbringe immer mal wieder
einen Abend ganz allein. Lass es
dir gut gehen, gönn dir, was du
dir wünschst. Denn all deine
weihnachtliche Fürsorge schließt
auch dich selbst mit ein!

UND WENN

das fünfte Lichtlein brennt …

WIRST DU GUT

AUSGESCHLAFEN SEIN.

Warum halten wir Menschen
eigentlich keinen Winterschlaf?
Wenn du ehrlich bist, ist das Aufstehen
im Dunkeln nicht dein Ding, oder?
Gib dich deiner Wintermüdigkeit hin
und schlafe mehr. Nimm dir

Zeit zum Ausschlafen

und für ein Nickerchen zwischendurch.
Hol dir sonntags den Kaffee ans Bett
und verbringe so viel Zeit unter der
Decke wie möglich.

Alle Dunkelheit
der Welt kann das Licht
einer einzigen Kerze
nicht auslöschen.

aus China

Besinne dich in dieser dunklen Jahreszeit auf das Strahlen im Inneren: die Freude, die Verbundenheit, die Vergebung, die Zuversicht. Vielleicht gibt es noch etwas zu klären, das du nicht mit ins neue Jahr nehmen willst? Gehe es jetzt an und bringe Klarheit, mehr Licht und Leichtigkeit in dein Leben. So wird es auch nach außen strahlen.

Am warmen Kamin träumt es sich gut vom Schneesturm.

aus Amerika

Der Winter ist die Zeit für Träume. Ob du in ein gutes Buch eintauchst und in der Wärme des Kaminfeuers liest, als gäbe es kein Morgen - oder ob ihr euch Geschichten von den Farben des Sommers erzählt:

WAGE DICH HINEIN IN DIE WELT DER FANTASIE UND LASS DIE KALTE REALITÄT HINTER DIR.

Aus der Ferne diesen Wunsch:

*Glückliche Sterne
und guten Punsch!*

Theodor Fontane

Probier's mal ...

... mit Gelassenheit – und ohne Weihnachtsstress. Denn der Advent kann sein wie eine wohlig wärmende Tasse süßer Punsch: mit Gewürzen und Glück darin und dem Glitzern der Sterne dazu. Genieße die Weihnachtszeit und schaffe dir so die beste Voraussetzung für einen guten und entspannten Jahresstart.

DIE SCHÖNSTEN WEIHNACHTSGESCHENKE
kosten nichts:
Liebe und Aufmerksamkeit.

Johanna Rückert

Weihnachten ist das Fest der Liebe.

Fülle diesen Begriff mit seiner wahren Bedeutung und blicke aufmerksam auf deine Mitmenschen. Was kannst du ihnen Gutes tun? Gerade jetzt sind kleine Gesten der Fürsorge, Nächstenliebe oder einfach nur des Beisammenseins besonders wertvoll.

Textnachweis: Wir danken allen Autoren bzw. deren Erben, die uns freundlicherweise die Erlaubnis zum Abdruck von Texten erteilt haben, sowie Ernst Ferstl, www.gedanken.at.

Text: Kathrin Schmoll

Bildnachweis: Cover: OlgaKorneeva/stock.adobe.com; Innenteil: OlgaKorneeva/stock.adobe.com, Lisla/stock.adobe.com, Anna/stock.adobe.com, KOSIM/stock.adobe.com, graphuvarov/stock.adobe.com, Maria. Epine/stock.adobe.com, Natalya Levish/stock.adobe.com.

Cover: Barbara Fuchs

Layout: Christin Bussemas Ampersand loves

Gesamtherstellung: Printfactory, Istanbul

Glücksmomente im Advent
GTIN 978-3-8485-0241-7

www.groh.de

MIX
Papier | Fördert gute Waldnutzung
FSC® C130076
FSC www.fsc.org

1 2 3 4 5